てんじって こんな ふーです。

さわって みて ください。

[数符] 5 0 [つなぎ符] おん

ア	イ	ウ	エ	オ		ハ	ヒ	フ	ヘ	ホ
カ	キ	ク	ケ	コ		マ	ミ	ム	メ	モ
サ	シ	ス	セ	ソ		ヤ		ユ		ヨ
タ	チ	ツ	テ	ト		ラ	リ	ル	レ	ロ
ナ	ニ	ヌ	ネ	ノ		ワ				ヲ
						ン				

長音符（ちょうおんふ）　促音符（そくおんふ）

すーじ

1　2　3　4　5

6　7　8　9　0

数符（すうふ）　小数点（しょうすうてん）　位取り点（くらいどてん）　つなぎ符（ふ）

点字はじめの一歩

② 読む書く、きほんの「き」

文／黒﨑惠津子
絵／朝倉めぐみ

汐文社

はじめに

　第2巻は、いよいよ点字の書き方です。数字も、アルファベットも、？や！などの記号も決められていて、どんなことも点字で書くことができます。
　点字のしくみを理解したら、身の回りにあるいろいろな点字を読んでみましょう。点字盤を手に入れることができたら、自分で点字を打ってみてください。そして、ぜひ指でさわってみてください。どうしてこんなぶつぶつが読めるのかな……と思うかもしれませんが、目の見えない人も、最初は同じなのです。
　点字はさわって読む文字です。みんながふだん使っている目で読む文字とのちがいも考えながら、点字を読み書きしていきましょう。

CONTENTS

はじめに 2
STEP 01 点字ってどんな文字？ 4
STEP 02 点字を書く道具いろいろ 6
STEP 03 文字を覚えよう 10
STEP 04 数字を覚えよう 22
STEP 05 アルファベットと英文記号 25
STEP 06 いろいろな記号・符号 29
STEP 07 発音どおりに書く ―書き方のきまり①― 32
STEP 08 分かち書き ―書き方のきまり②― 37
STEP 09 レイアウト ―書き方のきまり③― 41
STEP 10 手紙を書いてみよう 46

おわりに 51
点字一覧表（凸面） 52
点字一覧表（凹面） 54
もっと点字を勉強したい人のために 56

STEP 01 点字ってどんな文字？

読む書く、きほんの「き」

　この本を読んでいる多くの人が使っている普通の文字を、点字に対して**墨字**とよんでいます。それじゃあ、墨字と点字っていったいどこがちがうと思う？
　墨字が目で見て読む文字であるのにくらべて、点字は指でさわって読む文字です。点字の大きさも、指でさわって読むのに、大きすぎず、小さすぎないサイズになっています。もっと大きい方がわかりやすいのに……と思う人もいるかもしれないけれど、点字を読むのに慣れた人にとっては、大きすぎるとかえって速く読めなくなってしまうのです。
　それから、墨字は漢字やひらがな、カタカナがまざっていますね。点字でも漢字を書きあらわすこともできますが、普通はかなだけで書きます。ひらがな、カタカナの区別もありません。もちろん、数字や英語、音楽や理科の記号、コンピュータの記号なんかはありますよ。
　点字は横書きで、文字の大きさも1種類。墨字のように縦書きにしたり、ななめに書いてみたりっていうこともできないし、文字の太さや色を変えることもありません。

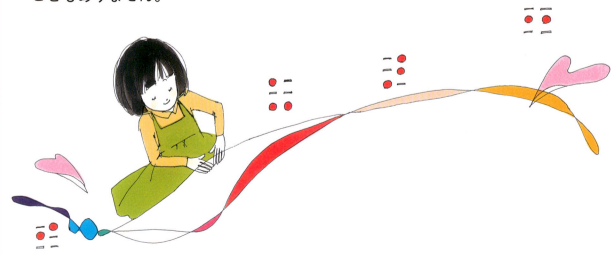

点字をさわって読む方、つまりでっぱっている方を凸面、裏がわのへこんでいる方を凹面といいます。点字を書くときには、紙の片面だけを使う方法と両面を使う方法があります。両面書きの場合は、まず表面を書いたら紙を裏がえして書きます。表面の行と行の間に裏面の1行がうたれます。片面書きは両面書きよりも行と行の間がせまくなっています。

　この本では、凸面を左に、凹面を右に、2ページになるときは凸面を先に、凹面をそのあとにのせることにしました。凹面には背景にうすい黄色がかけてあります。点字を読むときは凸面を、書くときは凹面の方を見てください。凹面を見るときには、右から左にね！

　というわけで、点字の書き方は、墨字の書き方とずいぶんちがうところがあります。

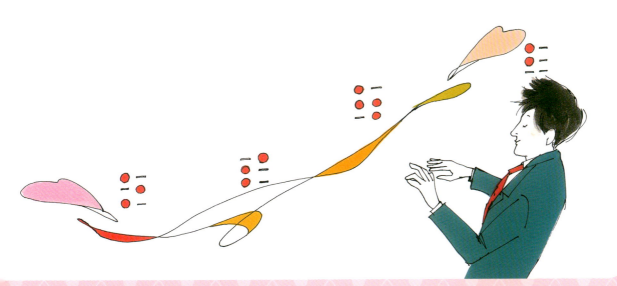

STEP 02 　点字を書く道具いろいろ

読む書く、きほんの「き」

点字盤

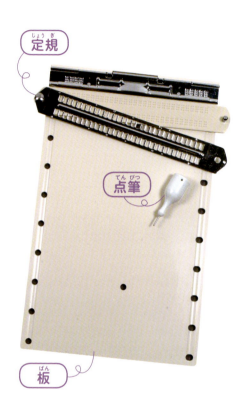

定規 / 点筆 / 板

「点字盤」っていったらこれをさしていることが多いです。明治のころから使われてきた木製の点字盤は、残念ながら作られなくなってしまいました。今、買うことができるのは、プラスチック製のものです。

1行32マスあり、2行分の金属製の定規を板の穴にさしこんで、点筆で点字をうっていきます。紙を裏がえして、1枚の紙の両面を使えるようになっています。

 →

2枚の金属でできた定規に紙をはさんで、右から左へうつ。下の金属に6点がへこんでいて、決まった位置に点をうてる。

2行分うち終わったら、定規を下にずらす。1番下の行までうち終わったら、紙を裏がえすと、両面にうてる。

携帯用点字器

プラスチック製で、片面書き。もしみんなが点字を練習してみようと思ったら、最初はこれを買うのがいいと思う。軽くて小さいので、点字を使っている人は、ちょっとメモをとったりするために持ち歩いている人が多いです。

点字板　点筆

タイプライター

盲学校でよく使われているのは、アメリカのパーキンス盲学校で作られている「パーキンスブレーラー」。凸面書きで、うった点字をすぐにさわって読めるので、点字の勉強を始めた小学生には使いやすいものです。

以前はたくさんの点訳ボランティアも使っていた日本製の「ライトブレーラー」は、小型でとても性能がよいものでしたが、パソコンで点訳する人がほとんどになり、2016年に生産中止になりました。

パーキンスブレーラー

STEP 02　点字を書く道具いろいろ

パソコン点訳

　点訳ソフトを使って、パソコンで点訳します。点字盤やタイプライターでは１度に１部しか点訳できなかったのが、パソコン点訳では何部でも作ることができるようになりました。それにまちがったときに直すのも簡単だし、点訳する時間もぐんと短くなりました。

　でも、点字プリンタはとても高いので、ひとりで買うのはたいへん。もしもみんなが、目の見えない人のために点訳しよう、点訳ボランティアをずっと続けていこう！と思ったら、点訳サークルに入って、パソコン点訳を覚えるのがいいと思います。

　ただし、「パソコン点訳」といっても、パソコンが自動的に点訳してくれるわけではないので、要注意！　点字の規則をしっかり覚えてからでないと点訳できないのは同じことです。

点字プリンタ

　点字盤や携帯用点字器は裏からうっていきます。つまり、読む方の点字とは左右が逆になった形でうつということ。そして、右から左にうっていくことになります。パーキンスブレーラーは凸面書き、つまり、読むのと同じ形で左から右にうちます。パソコンで点訳するときは、凸面書きにも凹面書きにもきりかえることができます。

点字電子手帳

点字文書の作成・編集、漢字仮名交じりの普通の文字の文書の作成・編集、音声図書の再生などができます。点字データを表示するディスプレイ（点字を浮き上がらせて表示します！）とパソコンの機能が加わったことで、これまでの「書く」だけの道具から、できることがいっきに広がりました。授業でノートをとったり、会議でメモをとったり、資料を作ったり、大量の点字データを簡単に持ち歩いて使ったり、パソコンとつないでデータを処理することもできます。点字を使う視覚障害者が、勉強や仕事をしていくうえで、今や不可欠の道具になりました。

点字ディスプレイ

どこで買える？

点字器を買える場所をひとつ紹介しておきましょう。ホームページから注文することができます。点字器だけでなく、白杖など視覚障害者に必要な用具、さわってわかる腕時計やゲーム、音声のでる温度計やはかりやおもちゃ、便利な調理の道具などいろいろな商品があります。近くに住んでいる人は、でかけて自分でさわってためしてみるといいと思います。

日本点字図書館わくわく用具ショップ

〒169-8586　東京都新宿区高田馬場1-23-4
【電話】03-3209-0751　【HP】http://yougu.nittento.or.jp/

STEP 03 文字を覚えよう

読む書く、きほんの「き」

　点字は縦3点、横2列の6点からつくられていて、読む方の左の列の上から、**1の点、2の点、3の点**、右の列の上から**4の点、5の点、6の点**といいます。

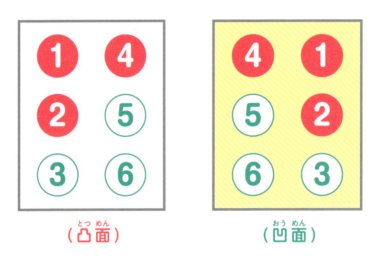

（凸面）　　　（凹面）

①・②・④で**母音**をあらわします。
③・⑤・⑥で**子音**をあらわします。

　日本語にはあ、い、う、え、おの5つの母音があるって知ってる？　もうローマ字を習っていたら思い出してみて。a、i、u、e、oの5つの母音を覚えて、それにカ行ならk、サ行ならsというふうに子音をつけていったでしょう。点字もローマ字とよくにたつくりになっています。①の点、②の点、④の点の組み合わせで母音を、③の点、⑤の点、⑥の点の組み合わせで子音をあらわします。

五十音

【凸面】 **【凹面】**

凸面					凹面				
ア	イ	ウ	エ	オ	オ	エ	ウ	イ	ア
カ	キ	ク	ケ	コ	コ	ケ	ク	キ	カ
サ	シ	ス	セ	ソ	ソ	セ	ス	シ	サ
タ	チ	ツ	テ	ト	ト	テ	ツ	チ	タ
ナ	ニ	ヌ	ネ	ノ	ノ	ネ	ヌ	ニ	ナ
ハ	ヒ	フ	ヘ	ホ	ホ	ヘ	フ	ヒ	ハ
マ	ミ	ム	メ	モ	モ	メ	ム	ミ	マ
ヤ		ユ		ヨ	ヨ		ユ		ヤ
ラ	リ	ル	レ	ロ	ロ	レ	ル	リ	ラ
ワ				ヲ	ヲ				ワ
ン	長音符		促音符		促音符		長音符		ン

STEP 03 文字を覚えよう

ローマ字と点字のつくり

あ段	い段	う段	え段	お段	
a	i	u	e	o	ア行（母音）
ka	ki	ku	ke	ko	カ行（子音のkをつける）
sa	si	su	se	so	サ行（子音のsをつける）

あ	い	う	え	お	
●－ －－ －－	●－ ●－ －－	●● －－ －－	●● －● －－	－● ●－ －－	ア行（母音）
●－ －－ －●	●－ ●－ －●	●● －－ －●	●● －● －●	－● ●－ －●	カ行（⑥の点を加える）
●－ －－ ●●	●－ ●－ ●●	●● －－ ●●	●● －● ●●	－● ●－ ●●	サ行（⑤⑥の点を加える）

　タ行は③・⑤の点、ナ行は③の点、ハ行は③・⑥の点、マ行は③・⑤・⑥の点、ラ行は⑤の点と、同じように「あ・い・う・え・お」の点にそれぞれの子音をあらわす点をつけます。

　ただし、ヤ行だけは少しちがいます。まず、ア、ウ、オをいちばん下までおろして、それから④の点を加えています。

ヤ行　下までおろす ➡ ④の点を加える

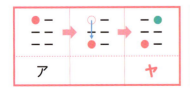

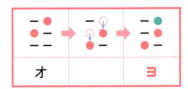

促音符はつまる音（小さい「っ」）、長音符はのばす音「ー」のことです。

点字で言葉を書くと、たとえば、こんなふうになります。凹面は、右から左に読んでね。

	【凸面】	【凹面】
あした	アシタ	タシア
カレー	カレー	ーレカ
はっきり	ハッキリ	リキッハ
みかん	ミカン	ンカミ

STEP 03 文字を覚えよう

がぎぐげご、ぱぴぷぺぽ──濁音・半濁音

　がぎぐげご、ざじずぜぞ、だぢづでど、ばびぶべぼは、かきくけこ、さしすせそ、たちつてと、はひふへほの前に⑤の点をつけます。

　ぱぴぷぺぽは、はひふへほの前に⑥の点をつけます。

　普通の文字は、「か」って書いてから「"」をうったり、「は」って書いてから「゜」をつけたりするのに、点字はどうして前にきていると思う？　それは点字がさわって読む文字だから。⑤の点をまずさわれば、あ、これ、濁った音だなってすぐにわかるでしょう。

	【凸面】	【凹面】
学校	カ゛ッコ ー	ー コッカ゛
だから	タ゛カラ	ラカタ゛
プール	フ゜ール	ルーフ゜
ペガサス	ヘ゜カ゛サス	スサカ゛ヘ゜

濁音・半濁音

【凸面】

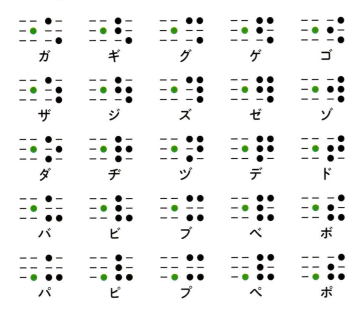

【凹面】

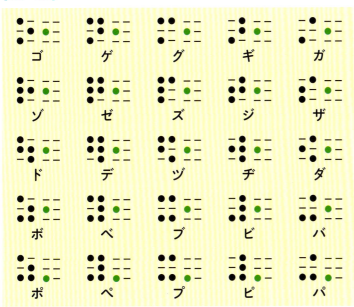
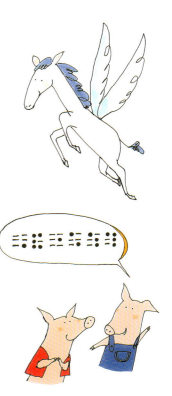

STEP 03 文字を覚えよう

きゃ、ぎゃ、ひゃ、ぴゃ──拗音（ようおん）

きゃ、きゅ、きょのように小（ちい）さい「ゃ」、「ゅ」、「ょ」がつく文字（もじ）は、④の点（てん）を前（まえ）につけます。

| きゃ ➡ ④の点＋か | きゅ ➡ ④の点＋く | きょ ➡ ④の点＋こ |

拗音（ようおん）

【凸面（とつめん）】

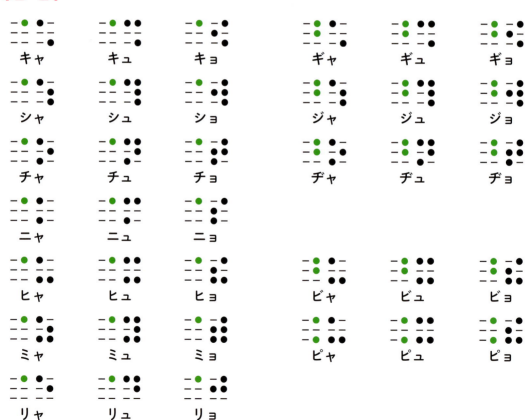

きゃ、きゅ、きょが濁ると、さらに⑤の点が加わります。
ぴゃ、ぴゅ、ぴょと半濁音になると、⑤の点ではなく、⑥の点が加わります。

【凹面】

ギョ	ギュ	ギャ	キョ	キュ	キャ
ジョ	ジュ	ジャ	ショ	シュ	シャ
ヂョ	ヂュ	ヂャ	チョ	チュ	チャ
			ニョ	ニュ	ニャ
ビョ	ビュ	ビャ	ヒョ	ヒュ	ヒャ
ピョ	ピュ	ピャ	ミョ	ミュ	ミャ
			リョ	リュ	リャ

STEP 03 文字を覚えよう

	【凸面】	【凹面】
か	カ	カ
が	カ゛	カ゛
きゃ	キャ	キャ
ぎゃ	ギャ	ギャ

ふん	フ ン	ン フ
ぷんぷん	フ゜ ン フ゜ ン	ン フ゜ ン フ゜
びゅんびゅん	ビ ュ ン ビ ュ ン	ン ュ ビ ン ュ ビ
ぴゅんぴゅん	ピ ュ ン ピ ュ ン	ン ュ ピ ン ュ ピ

● "バイオリン"じゃなくて"ヴァイオリン"── 特殊音（とくしゅおん）

　"バイオリン"じゃなくて"ヴァイオリン"、「ウオー」じゃなくて「ウォー」って書（か）きたいときってあるでしょう。この表は覚（おぼ）えなくていいから、必要（ひつよう）なときに見（み）てください。

特殊音（とくしゅおん）

【凸面（とつめん）】

イェ					
	ウィ	ウェ	ウォ	スィ	ズィ
キェ	クァ	クィ	クェ	クォ	ティ	ディ
シェ	ジェ	グァ	グィ	グェ	グォ	トゥ	ドゥ
チェ	ツァ	ツィ	ツェ	ツォ	テュ	デュ
ニェ	ファ	フィ	フェ	フォ	フュ	ヴュ
ヒェ	ヴァ	ヴィ	ヴェ	ヴォ	フョ	ヴョ
					ヴ

STEP 03 文字を覚えよう

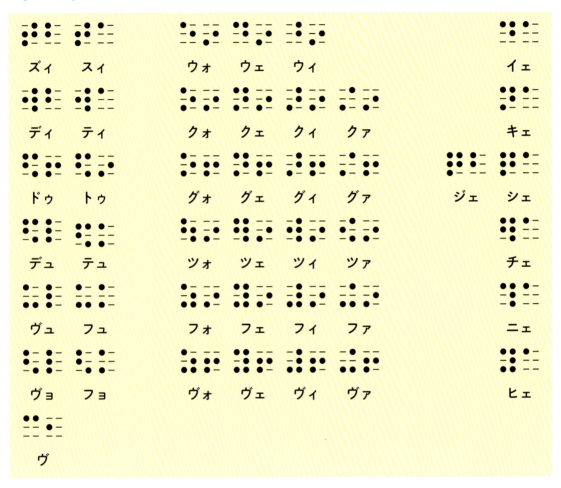

書いてみよう！ それでは、名前を書いてみます。

【凸面】　　　　　　　　　　　　　　　　　　　【凹面】

↓ 姓と名の間は1マスあけます。

石井 愛
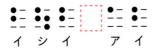
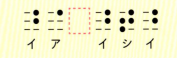

あけるのをわすれちゃうと……

ニシノリカ
　◼️◼️◼️◼️◼️
　ニシノリカ

西野 里香？ それとも西 紀香？ということになっちゃう。

↓ 濁点は前に！

高田 沙耶
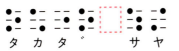

↓ のばす音は長音符。

田中 悠紀
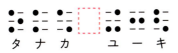
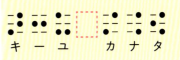

↓ 拗音をあらわす点も前！

坂本 翔
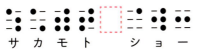
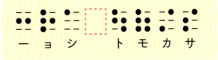

STEP 04 数字を覚えよう

読む書く、きほんの「き」

数字の前には**数符**という符号をつけます。ここから数字、というしるしです。

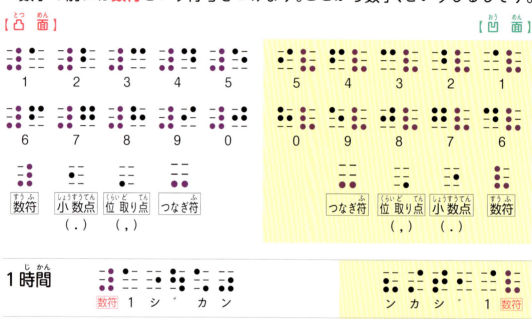

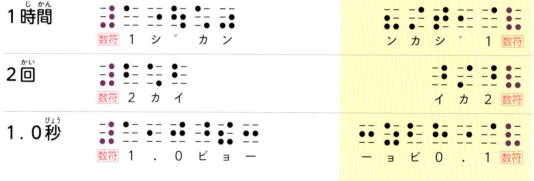

小数点や位取り点がついたり、3、4けたの数字でも数符はひとつです。

1,234,567個

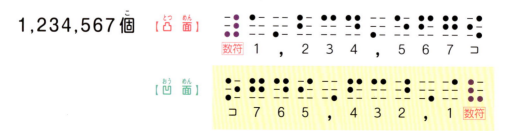

数字をよく見ると、50音の文字のいちぶと同じことに気がついた？　そう、ア行とラ行と同じなので、数符をわすれると、普通の文字になってしまいます。

【凸面】　　　　　　　　　　　　　　　　　　　【凹面】

	凸面	凹面
1回	数符 1 カ イ	イ カ 1 数符
赤い	ア カ イ	イ カ ア
34才	数符 3 4 サ イ	イ サ 4 3 数符
うるさい	ウ ル サ イ	イ サ ル ウ

◎ア行とラ行と同じ、で、もうひとつ注意！
次の数字、なんて読む？

1006ん？　それとも100円？　数字の「6」とかなの「え」が同じ形なので、「100円」にするためにはこうします。

| 数符 1 0 0 つなぎ符 エ ン | ン エ つなぎ符 0 0 1 数符 |

数字のあとにア行やラ行の言葉が続くときは、ここで数字はおわり、ということをはっきりさせるために、**つなぎ符**という符号を入れます。

STEP 04　数字を覚えよう

【凸面】　　　　　　　　　　　　　　　　　　　　【凹面】

	凸面	凹面
1位	数符　1　つなぎ符　イ	イ　つなぎ符　1　数符
10列	数符　1　0　つなぎ符　レ　ツ	ツ　レ　つなぎ符　0　1　数符
5億円	数符　5　つなぎ符　オ　ク　エン	ン　エ　ク　オ　つなぎ符　5　数符

数字で書いてあっても、数の意味がうすいもの、「いち」「に」「さん」……と読まないもの、人の名前や地名などの中の数字はかなで書きます。

	凸面	凹面
一生懸命	イッショー　ケンメイ	イメンケ　ーョシッイ
一直線	イッチョクセン	ンセクョチッイ
一人	ヒトリ	リトヒ
3日	ミッカ	カッミ
一郎	イチロー	ーロチイ
四国	シコク	クコシ

STEP 05 アルファベットと英文記号

読む書く、きほんの「き」

　アルファベットを書くときには、日本語と区別するために、**外字符**という符号を前につけます。大文字が使われているときは**大文字符**、2字以上大文字が続いているときは**二重大文字符**（大文字符2つ）を前につけます。大文字か小文字かを区別する必要がないときは、大文字符を省略できます。

　アルファベットのあとに日本語がくる場合は1マスあけます。アルファベットと日本語がひとつの言葉になっているときは、**つなぎ符**を入れて区切りをはっきりさせます。

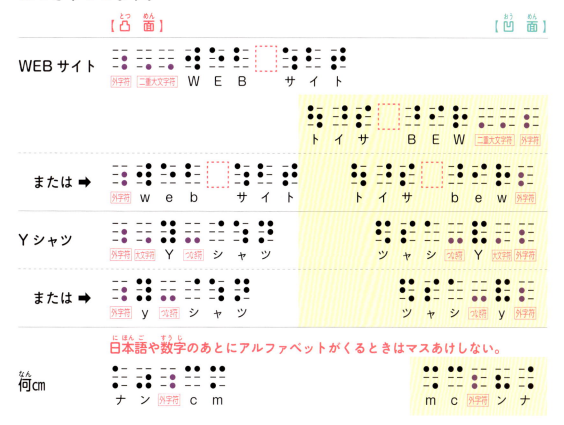

STEP 05　アルファベットと英文記号

　英語などの外国語が日本語の中にそのまま書かれているときには、外字符ではなくて、**外国語引用符**という符号でその言葉や文章をかこみます。外国語引用符をとじたあとは1マスあけます。

braille って知ってる？

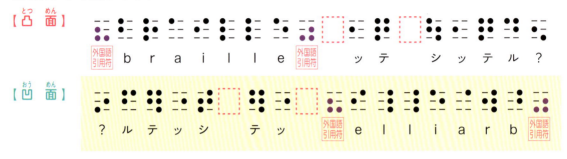

外国語引用符のあとは1マスあけ。
(braille は英語で点字のこと)

I love you だよ。

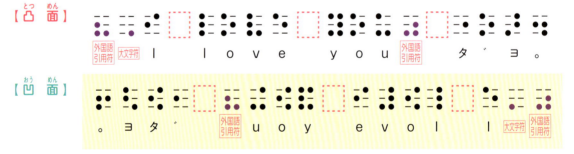

アルファベットと英文記号

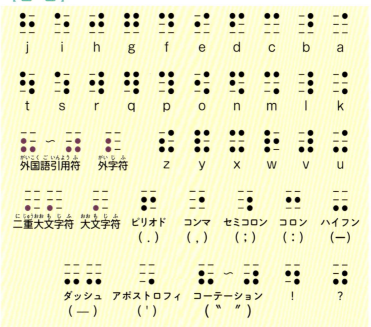

STEP 05　アルファベットと英文記号

書いてみよう！

それではここで私の自己紹介を書いてみたいと思います。これくらいのことなら、ここまでの説明でもう書けます。

| 名前：黒﨑　惠津子 | 生年月日：1964年10月13日 | 血液型：B型 | 身長：160cm |

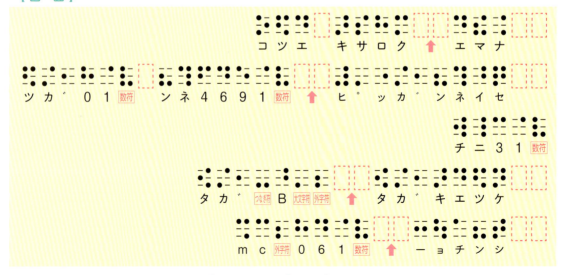

↑のところは2マスあけ。

STEP 06 いろいろな記号・符号

読む書く、きほんの「き」

　「。」や「？」、「！」は前の言葉に続けて書きます。そこで文章がおわったら、そのあとは2マスあけます。「、」も前の言葉に続けて、うしろは1マスあけ。「・」は「記号・符号」のようにならんだ言葉を区切るときに使い、前の言葉につけてうしろは1マスあけです。「ルイ・ブライユ」のように名前を区切るときは、「・」は省略して1マスあけにすることになっています。
　第2カギは、〝　〟や＜　＞など、「　」とはべつのカギカッコが必要なときに使います。**第2カッコ**は（　）以外にカッコが必要なとき、｛　｝〔　〕［　］などに使います。**指示符**は文字が強調されていたり、線がひかれていたりするときに使います。
　ただし、点字には墨字の記号すべてが決められているわけではないし、また読みやすくするためにも、記号を省略することもあるし、そのときによって使い分けたりします。＜　＞がでてきたらかならず第2カギ、〔　〕はいつも第2カッコを使うというわけではないことを、頭のすみの方に入れておいてください。

　だんだんむずかしくなってきた？　まだだいじょうぶ？　これから、点字を書くときのとても大事なきまりの話をします。墨字（普通の文字）とはかなづかいがちがうし、「分かち書き」も必要。それから、レイアウトもちがう。それではスタート！

STEP 06　いろいろな記号・符号

【凸面】

タンタン　ムスﾞカシク　ナッテ　キタ？　マタﾞ
タﾞイジョーフﾞ？　コレカラ、　テンシﾞヲ　カク
トキノ　トテモ　タﾞイシﾞナ　キマリノ　ハナシヲ　シマス。
スミシﾞ（フツーノ　モシﾞ）トワ　[第1指示符]カナツﾞカイ[第1指示符]　カﾞ
チカﾞウシ、　「ワカチカﾞキ」モ　ヒツヨー。　ソレカラ、
[第1指示符]レイアウト[第1指示符]モ　チカﾞウ。　ソレテﾞワ　スタート！

【凹面】

タンタン　ムスﾞカシク　ナッテ　キタ？　マタﾞ
タﾞイジョーフﾞ？　コレカラ、　テンシﾞヲ　カク
トキノ　トテモ　タﾞイシﾞナ　キマリノ　ハナシヲ　シマス。
スミシﾞ（フツーノ　モシﾞ）トワ　[第1指示符]カナツﾞカイ[第1指示符]　カﾞ
チカﾞウシ、　「ワカチカﾞキ」モ　ヒツヨー。　ソレカラ、
[第1指示符]レイアウト[第1指示符]モ　チカﾞウ。　ソレテﾞワ　スタート！

記号・符号

【凸面】

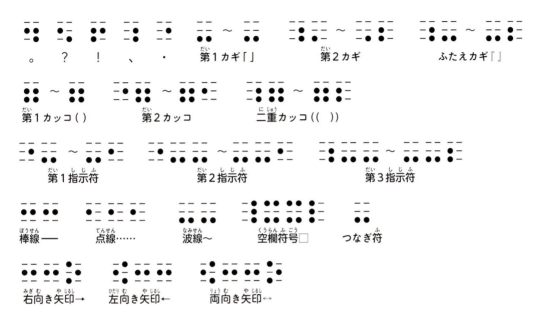

【凹面】

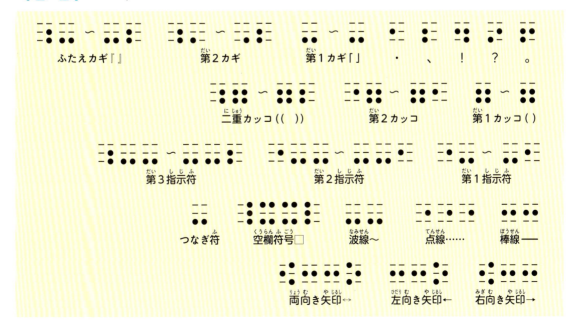

STEP 07　発音どおりに書く —書き方のきまり①—

1　発音どおりに書く

「ぼくは」って言うとき、「は」と書くけれど、「わ」と言っているでしょう。「動物園へ行った」と言うときは「へ」を「え」と言っているよね。点字を書くときは、墨字とちがって、発音しているとおりに書きます。ただし、「ことを」の「を」はそのまま書きます。

〜は ➡ 〜ワ　　〜へ ➡ 〜エ　　〜を ➡ 〜ヲ のまま

ぼくは動物園へ行った。パンダのところへ行くと、名前はシャンシャンに決まっていた。ぼくはそのことを今日まで知らなかった。

【凸面】

ホ゛クワ　ト゛ーフ゛ツエンエ　イッタ。　ハ゜ンタ゛ノ

トコロエ　イクト、　ナマエワ　シャンシャンニ　キマッテ　イタ。

ホ゛クワ　ソノ　コトヲ　キョーマテ゛　シラナカッタ。

【凹面】

。ノタンパ゜ 。タッイ エンエツフ゛ート ワクホ゜
。タイ テツマキ ニャシシ ワエマナ 、トクイ エロコト
。タッカナラシ テ゛マーョキ ヲトコ ノソ ワクホ゜

② のびる音――長音符の使い方に注意！

「う」 ➡ 「ー」（長音符）

　のびる音、「ー」であらわす音の書き方も墨字とちがっているところです。「う」と書いてあっても、前の音に続いてのばして発音しているときは、「ウ」と書かないで、発音どおり長音符を使います。

	【凸面】	【凹面】
空気（くうき）	クーキ	キーク
数字（すうじ）	スージ゛	シ゛ース
おとうさん	オトーサン	ンサートオ
東京（とうきょう）	トーキョー	ーョキート
行こう（いこう）	イコー	ーコイ

STEP 07 発音どおりに書く

> 動詞のおわりの「う」➡「ウ」

　動詞のおわりの「う」は「ウ」のままです。「う」って発音しているでしょう。自分で発音してみてね。

	【凸面】	【凹面】
思う	オ モ ウ	ウ モ オ
問う	ト ウ	ウ ト
食う	ク ウ	ウ ク
ぬぐう	ヌ ク゛ ウ	ウ ク゛ ヌ

「ー」と書かれているとき ➡ 「ー」（長音符）

外来語や、日本語でも墨字で「ー」と書かれているものは、点字でも長音符を使います。

	【凸面】	【凹面】
コーヒー	コーヒー	ーヒーコ
えーと	エート	トーエ
「ええと」は	「エエト」ワ	ワ「トエエ」
コンピュータ	コンピュータ	タューピンコ

オ段の音＋「オ」 ➡ 「オ」

オ段の音（オ、コ、ソ、ト、ノ、ホ、モ、ヨ、ロ）に「オ」が続くときには、長音符ではなく「オ」と書きます。これは墨字でもまちがえやすいところ。

	【凸面】	【凹面】
大きい	オオキイ	イキオオ
通り	トオリ	リオト
氷	コオリ	リオコ

STEP 07 発音どおりに書く

③ ジとヂ、ズとヅ、ジャジュジョとヂャヂュヂョ

普通はジ、ズ、ジャ、ジュ、ジョを使います。
ヂ、ヅ、ヂャ、ヂュ、ヂョを使うのは、

> もともと、**ち、つ、ちゃ、ちゅ、ちょ** だったものが、ほかの言葉といっしょになって濁った言葉

【凸面】　　　　　　　　　【凹面】

三日月	ミカヅキ	キヅカミ
二人づれ	フタリヅレ	レヅリタフ
鼻血	ハナヂ	ヂナハ

> **ち、つ** がくりかえされる言葉

つづく	ツヅク	クヅツ
ちぢむ	チヂム	ムヂチ

STEP 08 分かち書き ―書き方のきまり②―

読む書く、きほんの「き」

> 　なつやすみのおわりはいつもかなしい。なつやすみはやく40にちもあるのにすぎてしまえばあっというまだ。あと1しゅうかんだとおもっているうちにあとみっかふつかそうしてとうとうあしたはがっこうへいかなければならないひをむかえることになる。8がつ31にちのゆうがたあたりがくらくなりはじめてよるへとむかうとそのかなしみはちょうてんにたっする。なんとかしてくださいとかみさまにいのってもどうにもじかんのながれをとめることはできない。ぼくのこのいのりはいつもかみさまのもとへとどかない……。

　こんなふうにひらがなばっかりで区切りもなかったら、わかりにくいでしょう？　点字はひらがなだけで書いた文章と同じなので、わかりやすく、読みやすくするために、**分かち書き**をします。

　文節ってわかるかな？　文をできるだけ短く切ったもので、文を組み立てる単位のことです。たとえば、「なつやすみのおわりはいつもかなしい」の文は「なつやすみの」「おわりは」「いつも」「かなしい」という4つの文節からできています。「ネ」や「サ」を入れて切れるところはだいたい文節の切れ目です。

　点字では文節ごとに1マスあけるのが原則です。「分かち書き」とよんでいます。1文節の中でも、長い言葉は読みやすくするために、さらにマスあけをします。上の文章を点字に直すとこんなふうになります。

STEP 08　分かち書き

【凸面】

　　　ナツヤスミノ　オワリワ　イツモ　カナシイ。　ナツヤスミワ
①　　　　　　　　　②　　　　　　　　　　　　　③

ヤク　[数符]40ニチモ　アルノニ　スギテ　シマエバ　アッ　トイウ
④　　　　　　⑤　　　　　　　　　　　　　　　　　　⑥

マダ。　アト　[数符]1シューカンダト　オモッテ　イル　ウチニ
　　　　⑦

アト　ミッカ　フツカ　ソーシテ　トートー　アシタワ　ガッコーエ
　　　　⑦　　　　　⑦　　　　　　　　　　　　　　　　　　⑧

イカナケレバ　ナラナイ　ヒヲ　ムカエル　コトニ　ナル。

[数符]8ガツ　[数符]31ニチノ　ユーガタ　アタリガ　クラク
　　　　　　　　　　　　　　　　　　　　　　　　　　⑨

ナリハジメテ　ヨルエト　ムカウト　ソノ　カナシミワ

チョーテンニ　タッスル。　ナントカ　シテ　クダ゛サイト
　　　　　　　　　　　　　⑩

カミサマニ　イノッテモ　ド　ーニモ　シカンノ　ナガレヲ

トメル　コトワ　デキナイ。　ボクノ　コノ　イノリワ　イツモ
　　　　　　　　　　　　　　⑪

カミサマノ　モトエ　トドカナイ　……。
　　　　　⑫　　　　　⑬

【凹面】

ワミスヤツナ 。イシナカ モツイ ワリヲ ノミスヤツナ
③ ② ①

ウイ トッア バ゛エマシ テキ゛ス ニノルア モチニ０４ 数符 クヤ
⑥ ⑤ ④

ニチウ ルイ テッモオ タ゛ンカーュシ１ 数符 トア 。タ゛マ
⑦

エーコッカ゛ ワタシア ートート テシーソ カツフ カッミ トア
⑧ ⑦ ⑦

。ルナ ニトコ ルエカム ヲヒ イナラナ バ゛ レケナカイ

クラク カ゛リタア タカ゛ーユ ノチニ１３ 数符 ツカ゛ ８ 数符
⑨

ワミシナカ ノソ トウカム トエルヨ テメシ゛ハリナ

トイサタク テシ カトンナ 。ルスッタ ニンテーョチ
⑩

ヲレカ゛ナ ノンカシ゛ モニート゛ モテッノイ ニマサミカ

モツイ ワリノイ ノコ ノクホ゛ 。イナキテ゛ ワトコ ルメト
⑪

。…… イナカト゛ト エトモ ノマサミカ
⑬ ⑫

STEP 08　分かち書き

こんなところに注意！

① 段落のはじめは2マスあけ。
② 「おわりは」 ➡ オワリワ
③ 文がおわったあと、次の文の前も2マスあけ。
④ 「約」　短い言葉だけれど1マスあけ。
⑤ 「すぎてしまえば」 ➡ スギテ□シマエバ　　続けそうになるけれど1マスあけ。
　　「行ってしまう」 ➡ イッテ□シマウ　　「食べてみる」 ➡ タベテ□ミル
　　「してあげる」 ➡ シテ□アゲル
⑥ 「あっというまだ」 ➡ アット□イウ□マダ
　　ぜんぶ続けたくなっちゃうかもしれないけれど、分かち書きをします。
⑦ 「1週間」 ➡ 数符 1シューカン　　「そうして」 ➡ ソーシテ　　「とうとう」 ➡ トートー
　　こういうところは長音符を使います。
⑧ 「学校へ」 ➡ ガッコーエ
⑨ 「くらくなる」 ➡ クラク□ナル
　　「さむくなる」 ➡ サムク□ナル　　「よくなる」 ➡ ヨク□ナル
⑩ 「してください」 ➡ シテ□クダサイ　「ください」の前も1マスあけ。
　　「話してください」 ➡ ハナシテ□クダサイ　　「来てください」 ➡ キテ□クダサイ
⑪ 「この」「その」「ああ」「どの」などのあとは1マスあけ。
　　「ああいう」 ➡ アア□イウ　　「こうする」 ➡ コー□スル
⑫ 「もとへ」 ➡ モトエ
⑬ 「とどかない……。」 ➡ トドカナイ□⋯⋯。
　　点線は言葉のあとを1マスあけて、3マス使って書く。句点（。）は点線に続ける。
　　棒線は2マス使って、句点や読点（、）は続ける。
　　「そんな――、もうだめだ」 ➡ ソンナ□――、□モー□ダメダ

STEP 09 レイアウト ―書き方のきまり③―

読む書く、きほんの「き」

　点字と墨字でもうひとつ大きくちがうのはレイアウトです。点字は文章のはじめは2マスあけ、「。」のあとも2マスあけです。段落がかわったら次の行に移って、また2マスあけて書き始めます。

　それから言葉のとちゅうで行を変えてはいけない。うしろが少しあまっているのにもったいないなと思っても、そのままにして次の行に移ります。

　最初のタイトルをどのへんに書くか、どのくらいの大きさで書くか、どんなかざりをつけようか、びっしり書いちゃうと読みにくいかな、イラストもはじの方に入れてみようかな……墨字の文章を書くときっていろいろ考えていると思います。点字は文字の大きさも変えられないし、文字を斜めにしたり、太くしたり、かざりをつけたりもできないし、指でさわって読むので行と行の間がたくさんあいているのもかえって読みにくいことがあります。墨字とはべつのレイアウトが必要です。たとえばこんなふうにちがってきます。

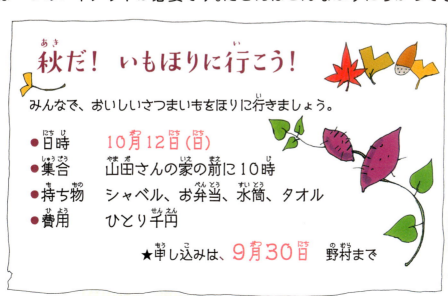

秋だ！　いもほりに行こう！

みんなで、おいしいさつまいもをほりに行きましょう。
- ●日時　　10月12日(日)
- ●集合　　山田さんの家の前に10時
- ●持ち物　シャベル、お弁当、水筒、タオル
- ●費用　　ひとり千円

★申し込みは、9月30日　野村まで

STEP 09　レイアウト

【凸面】

①　　アキタ！　イモホリニ　イコー！

②　　ミンナデ、オイシイ　サツマイモヲ　ホリニ　イキマショー。

③

ニチジ　[数符]10ガツ　[数符]12ニチ（ニチ）
④

シューゴー　ヤマダ　サンノ　イエノ　マエニ　[数符]10ジ
④

モチモノ　シャベル、オベントー、スイトー、タオル
④

ヒヨー　ヒトリ　[数符]センエン
④　　　　　　⑤

モーシコミワ、[第1指示符][数符]9ガツ　[数符]30ニチ[第1指示符]　ノムラマデ
⑥

こんなところに注意！

① タイトルは普通の文章よりさげる。ここでは5マスめから。
② 文章は2マスあけて始める。
③ 1行あけて、わかりやすく。
④ 項目のあとは2マスあけにする。

【凹面】

アキ ダ！ イモホリニ イコー！ ①
ミナンデ、 オイシイ サツマイモヲ ホリニ イキマショー。 ②
③
シチニ 10 ガツカ 数符 21ニチ（ニチ） ④
シュゴーハ 10 ガツ 数符 10ニチ マエニ サンノエイ イマエニ ④
モチモノハ シャベル、 オベントー、 スイトー、 オタル ④
ヒヨー 400エン ヒトリ 500エン ⑤ ④
モノラマデ 第1指示符 9ガツ 数符 30ニチ 第1指示符、 モーシコミワ ⑥

- ⑤ 千の位でおわる数字は「千」をかなで書いてもよい。単位の「万」「億」「兆」もかな。
  普通、4ケタまでは数字だけで書く。
- ⑥ 「9月30日」→太字で強調されているので、第1指示符を使いました。
- ＊ ここではさし絵は省略。絵が必要なとき、あった方が楽しいなというときは、言葉で説明することもあります。

STEP 09　レイアウト

クリスマスカードだったら、たとえばこんなふうになります。

こういうカードだったら、絵は見えないけれど、紙のさわった感じがいいもの、絵が立体的になっているもの、小さな鈴がついたものや音楽が流れるものなど、さわったり音で楽しめるものを選んだらいいと思います。

　点字器にカードがうまく入れば、直接うっていいですよ。もし入らなかったらタックペーパーという透明のシールみたいなものにうって、上からはります。こうすれば、下に絵があっても見えるでしょ。

　タックペーパーは点字器のところで紹介した日本点字図書館で買えます。

　自分の名前は右はじになるようにうってね。

【凸面】

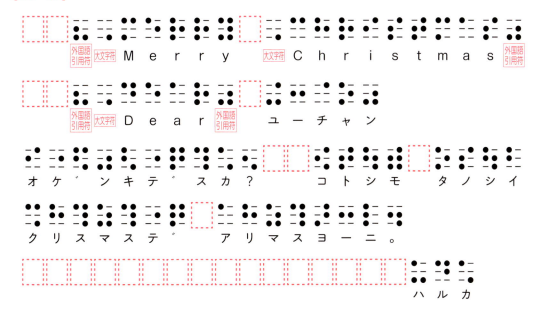

裏からうつときは、こっちを見てね。

【凹面】

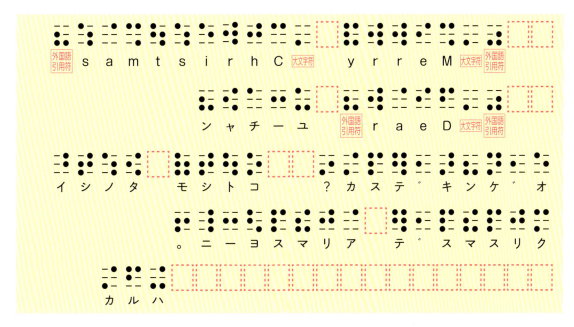

STEP 10 手紙を書いてみよう

読む書く、きほんの「き」

　年賀状を書いてみましょう。年賀はがきはスペースがせまいので書く中身をよく考えてね！「2018年1月1日」って書くと長くなっちゃうから、「元旦」だけにするとかね。

あけましておめでとう！

ずーっと会えなかったけど元気ですか？
今年はたけちゃんのところへ遊びに行くね。
今年もどうぞよろしく。

元旦
しゅんより

【凸面】

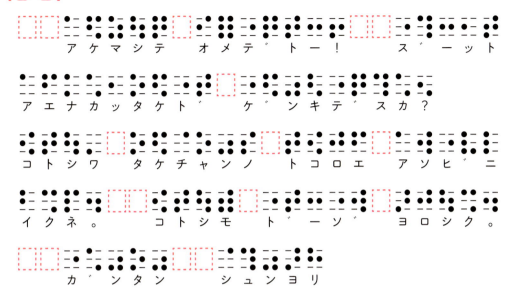

【凹面】

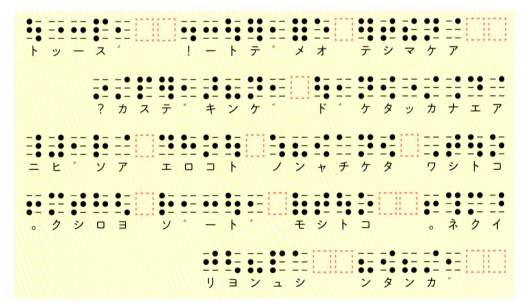

　点字盤でうつときは、はがきは横にしても縦に使ってもいいです。ここでは横に使っています。点字をうつ前にあて名を書いておこうね。うったあとだと書きにくいから。

STEP 10　手紙を書いてみよう

普通(ふつう)の手紙(てがみ)はこんなふうになります。

まるちゃんへ

ようやくあたたかくなって、寒(さむ)がりの私(わたし)はウレシイッ！

お元気(げんき)ですか？　私(わたし)は元気(げんき)だよ！

五年生(ごねんせい)になってクラスがえがありました。大好(だいす)きなケン君(くん)と

となりのクラスになっちゃって、ちょっとさみしい……。

でも、マーちゃんや由香(ゆか)ちゃんとはいっしょなので毎日(まいにち)楽(たの)し

くやってます。このあいだおもしろい恋(れん)あい小説(しょうせつ)をみつけ

たから、こんどかしてあげるね。

それじゃ、また。

2018年(ねん)4月(がつ)10日(とおか)

メグミより

　名前(なまえ)や日付(ひづけ)はあとに書(か)いてもいいけれど、最初(さいしょ)に書(か)いておくと、だれからの手紙(てがみ)かがすぐわかるので、点字(てんじ)ではそうすることが多(おお)いです。
　ふうとうには普通(ふつう)の文字(もじ)で住所(じゅうしょ)やあて名(な)を書(か)いた上(うえ)から、点字(てんじ)で「まるちゃんへ　メグミより」って点字(てんじ)で書(か)いておくと、ふうとうをあける前(まえ)にすぐわかるよね。

【凸面】

マルチャンエ

２０１８ネン　４カツ　トオカ

メクﾞミヨリ

ヨーヤク　アタタカク　ナッテ、　サムガﾞリノ　ワタシワ　ウレシイッ！　オケﾞンキテﾞスカ？　ワタシワ　ケﾞンキタﾞヨ！

５ネンセイニ　ナッテ　クラスカﾞエカﾞ　アリマシタ。　タﾞイスキナ　ケン　クント　トナリノ　クラスニ　ナッチャッテ、　チョット　サミシイ　……。　テﾞモ、　マーチャンヤ　ユカチャントワ　イッショナノテﾞ　マイニチ　タノシク　ヤッテマス。　コノアイタ　オモシロイ　レンアイ　ショーセツヲ　ミツケタカラ、　コントﾞ　カシテ　アケﾞルネ。

ソレジャ、　マタ。

STEP 10 手紙を書いてみよう

【凹面】

おわりに

　点字の書き方、だんだんむずかしくなってきたかもしれません。でも、それは、点字を読みやすく、わかりやすくするために、たくさんの人々によって、長い年月かけてつくられてきたきまりなので、めんどうだなあと思わずに、大切にしてほしいと思います。
　ここで説明したことは、点字の基本の「き」。正確な点訳をするためには、まだ覚えることがたくさんあります。もしも点訳ボランティアをしたいと思ったら、一人でするよりも、点訳グループを探して、教えてもらいながら覚えていくのがいいでしょう。
　点字っておもしろいなあと思ったら、点字のことだけでなく、その点字を使う人たちのことも知ってほしいと思います。そこで第3巻では、年齢も立場もちがう点字を使う3人の日常生活を紹介します。ぜひ読んでみてください！みんなが、点字を使っている人とどこかで知り合うことができたらいいなあと願っています。

点字

五十音 / 拗音 / 濁音・半濁音 / 特殊音

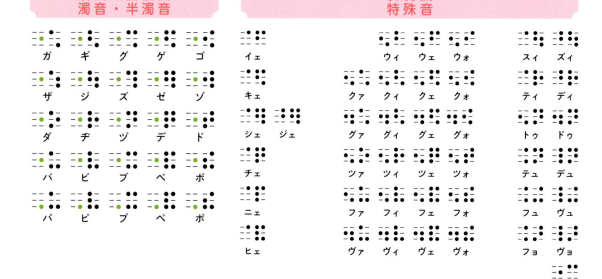

一覧表【凸面】

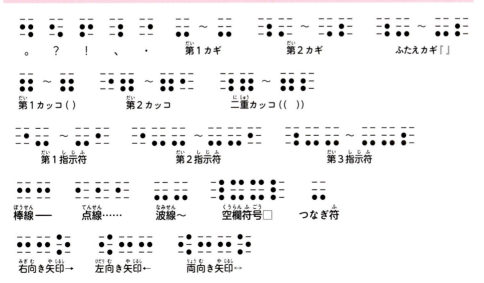

点字

拗音

ギョ	ギュ	ギャ
ジョ	ジュ	ジャ
ヂョ	ヂュ	ヂャ
ビョ	ビュ	ビャ
ピョ	ピュ	ピャ

キョ	キュ	キャ
ショ	シュ	シャ
チョ	チュ	チャ
ニョ	ニュ	ニャ
ヒョ	ヒュ	ヒャ
ミョ	ミュ	ミャ
リョ	リュ	リャ

五十音

ホ	ヘ	フ	ヒ	ハ	オ	エ	ウ	イ	ア
モ	メ	ム	ミ	マ	コ	ケ	ク	キ	カ
ヨ	ユ	ヤ			ソ	セ	ス	シ	サ
ロ	レ	ル	リ	ラ	ト	テ	ツ	チ	タ
ヲ		ワ			ノ	ネ	ヌ	ニ	ナ

促音符　長音符　ン

特殊音

ズィ	スィ
ディ	ティ
ドゥ	トゥ
デュ	テュ
ヴュ	フュ
ヴョ	フョ
ヴ	

ウォ	ウェ	ウィ
クォ	クェ	クィ	クァ
グォ	グェ	グィ	グァ
ツォ	ツェ	ツィ	ツァ
フォ	フェ	フィ	ファ
ヴォ	ヴェ	ヴィ	ヴァ

イェ
キェ
ジェ	シェ
チェ
ニェ
ヒェ

濁音・半濁音

ゴ	ゲ	グ	ギ	ガ
ゾ	ゼ	ズ	ジ	ザ
ド	デ	ヅ	ヂ	ダ
ボ	ベ	ブ	ビ	バ
ポ	ペ	プ	ピ	パ

一覧表【凹面】

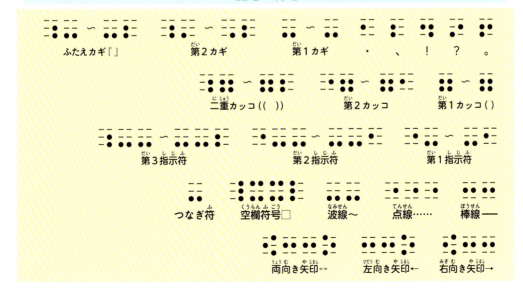

もっと点字を勉強したい人のために

　点字について書かれた本を紹介します。本格的な点訳をするための練習ができるものもあげておきました。手に入らないときは、図書館で借りてください。

BOOK LIST

『もっと知ろう！点字』社会福祉法人日本点字図書館監修／ポプラ社 (2017)

『ルイ・ブライユと点字をつくった人びと』こどもくらぶ／岩崎書店 (2016)

『G-10とマナブくんの点字教室　改定版』
全国視覚障害者情報提供施設協会編集・発行 (2017)

『はじめての点字』石井みどり／偕成社 (2000)

『指から広がる世界』黒﨑惠津子／岩崎書店 (2000)

『点字のことば百科』黒﨑惠津子／岩崎書店 (2000)

『点字で学ぼう』黒﨑惠津子／岩崎書店 (2000)

『点字のひみつ』黒﨑惠津子／岩崎書店 (2000)

『初級練習帳 THE 点字習得テキスト』米谷忠男／ジアース教育新社 (2006)
（大人向けですが、凸面と凹面の点字が対になっているので自分で練習することができます）

『日本点字表記法 2018年版』日本点字委員会編集・発行 (2018)

文：黒﨑惠津子（くろさき えつこ）

早稲田大学大学院文学研究科日本文学専攻修士課程修了。中学時代に点字部に入部、早稲田大学点字会での活動へと続く。立教高等学校で統合教育を受ける視覚障害者の担当、筑波大学附属盲学校司書教諭、日本図書館協会障害者サービス委員などを経て、現在は東京都立文京盲学校教諭。『子どものための点字事典』（汐文社）、『点字技能ハンドブック―視覚障害に関わる基礎的知識』（共著、視覚障害者支援総合センター）など、点字に関する著書が多数ある。

絵：朝倉めぐみ（あさくら めぐみ）

多摩美術大学油画科卒。出版社勤務を経て、ロンドンに留学。帰国後、イラストレーターに。装画・挿絵のほか、絵本、広告など活動は多岐にわたる。リトグラフを中心に版画制作も。ドイツで作品展を巡回。

写　真 ● 社会福祉法人 日本点字図書館
　　　　　株式会社 ジェイ・ティー・アール
協　力 ● 稲吉美奈子（理数専門点訳会シグマ）
デザイン ● 松本恵子
点字制作・DTP ● 増田勇二（明昌堂）

点字 はじめの一歩 ② 読む書く、きほんの「き」

2018年8月　初版第1刷発行
2020年6月　初版第2刷発行

文　　　黒﨑惠津子
絵　　　朝倉めぐみ
発行者　小安宏幸
発行所　株式会社 汐文社
　　　　〒102-0071　東京都千代田区富士見1-6-1
　　　　電話 03-6862-5200　FAX 03-6862-5202
　　　　URL http://www.choubunsha.com
印　刷　新星社西川印刷株式会社　社会福祉法人 日本点字図書館
製　本　東京美術紙工協業組合

ISBN 978-4-8113-2448-7
乱丁・落丁本はお取り替えいたします。
ご意見・ご感想はread@choubunsha.comまでお寄せください。